Itinera

Līviae

et Amīcōrum

(The Adventures of Livia and Friends)

A Latin novella for first and
second-year students

By Christopher R. Buczek, Ph.D.

Itinera Līviae et Amīcōrum

(The Adventures of Livia and Friends)

Christopher R. Buczek

Table of Contents

Foreword & Acknowledgements for

Itinera Līviae et Amīcōrum

I originally created this Latin story throughout the 2017-2018 school year with help from my Latin I students. Through surveys and ongoing class discussions, the various plot twists took shape. The story suitably reflects the *Itinera* in the title, as traveling is an overarching motif: the characters are always on a mission. It is a comedy of errors in many respects, borrowing elements from comedic tropes found in ancient and modern literature. It is also a "fractured fairy tale" of sorts with talking animals who sometimes act smarter than the human protagonists. It is for Octavius' job that the characters embark on the main quest, but above all the star of the story is Livia.

Livia, an approximately 18 year-old Roman woman, solves many of the problems encountered and helps her friends in any way possible. She is strong-willed, independent, and determined. The other female characters are of the same disposition, and through their courage and wisely planned activities the various setbacks get resolved. In many ways they defy the social expectations of the Roman era. Their fortitude and wisdom are essential to the story's development.

Itinera Līviae et Amīcōrum is composed of about 6,100 total words and 200 unique lexical terms. The PHI database and several Latin dictionaries provided help in the Latinity of the text. The copious dialogue between characters adds liveliness and humor. It has been my pleasure to write this work, and the six students of that particular class deserve a special acknowledgement for their roles in co-creating this narrative.

Christopher R. Buczek, Ph.D.
August 23, 2019

Capitulum I
Līvia et Octāvius

Līvia est puella. Līvia est puella Rōmāna. Līvia est puella laeta. Puella nōn est trīstis.

Octāvius est puer. Octāvius est puer Rōmānus. Octāvius nōn est trīstis. Puer laetus est.

Līvia ad Octāvium it. Līvia sub arbore sedēre vult. Sed Octāvius sub arbore sedēre nōn vult. Octāvius sub arbore dormīre vult.

Octāvius ad arborem it. Līvia ad arborem it. Līvia sub arbore sedet. Sed Octāvius dormit.

Capitulum II
In Agrīs

Līvia est puella Rōmāna. Līvia amīcum habet. Līviae amīcus est Octāvius. Octāvius est puer Rōmānus. Octāvius quoque amīcam habet. Octāviī amīca est Līvia! Līvia et Octāvius sunt amīcī.

Līvia et Octāvius nōn iam sub arbore sedent. Līvia et Octāvius sunt in agrīs. Ad vīllam rūsticam in agrīs **eunt**[1]. Ad vīllam rūsticam in agrīs currunt, quod Octāvius et Līvia sunt strēnuī. Līvia est puella strēnua. Octāvius est puer strēnuus. Sed Līvia difficultātem habet: nōn iam currere vult. Līvia est dēfessa. Octāvius quoque est dēfessus. Octāvius et Līvia sunt dēfessī. Tandem ad arborem eunt et sedent.

Ecce! Tīgris est in agrīs! Tīgris amīcum habēre vult. Quid facit tīgris? Octāvius ad tīgrem it. Tīgris est laetus. Līvia ad tīgrem nōn it. Līvia est dēfessa. Līvia sub arbore sedet et scrībit.

Tandem Octāvius et tīgris ex agrīs currunt. Ad vīllam rūsticam Līviae eunt. Brevī tempore Līvia quoque ad vīllam rūsticam

---

[1] "they go"

currit. Amīcī **in vīllam**[2] ambulant. Quid faciunt Octāvius, Līvia, et tīgris?

Capitulum III

In Hortō

Octāvius nōn est vir. Octāvius est puer. Octāvius est puer Rōmānus quī in agrīs habitat. Octāvius est puer quī amīcam habet. Octāviī amīca Līvia est.

Līvia est puella Rōmāna quae amīcum nōmine Octāvium habet. Līviae placet Octāvius. Octāviō placet Līvia. Laetī sunt quod amīcī sunt.

Octāvius et Līvia amīcum habent. Octāviī et Līviae amīcus est tīgris!

Līvia et Octāvius nōn iam sunt in agrīs. Amīcī sunt in hortō. In hortō quoque multī servī sunt. Servī sunt in hortō quod labōrant. Servī sunt virī fortēs quod in hortō labōrant.

---

[2] "into the house"

SUBITŌ animal ad hortum it! Tīgris est in hortō! Servī clāmant quod tīgris est in hortō. Octāvius et Līvia nōn clāmant, quod tīgris eīs placet. In hortō est aqua. Līvia in aquam īre vult. Tīgris et Octāvius in aquam īre **nōlunt**[3]. Līvia sōla in aquam it. Līviae placet in aquā esse.

Est difficultās Līviae: servus quī in hortō labōrat est vir īrātus. Līvia nōn placet servō. Līviae hoc dīcit: "Cūr es in aquā? Cūr nōn sub arbore sedēs? Cūr nōn curris cum amīcīs?" Et Līvia servō hoc dīcit: "In aquā esse volō. Mihi placet in aquā esse."

SUBITŌ tīgris ad servum it. Servus clāmat et ex hortō currit. Līvia in aquā esse potest. Līvia est laeta.

Sed ubi est Octāvius? Octāvius nōn iam est in hortō. Octāvius est in vīllā. Octāvius **alia facit**[4].

---

[3] "don't want"
[4] "is doing other things"

Capitulum IV
Alterum Animal

Octāvius amīcam nōmine Līviam habet. Octāvius Līviam amat. Līvia amīcum nōmine Octāvium habet. Līvia Octāvium amat. Octāvius et Līvia quoque tīgrem habent. Puer et puella tīgrem amant.

Tīgris est in agrīs. Tīgris alterum animal in agrīs videt. Tīgris quoque alterum animal in agrīs audit. Animal est **ūnicornis**[5]. SUBITŌ ūnicornis ad tīgrem venit. Tīgris animal nōn amat. Tīgris est magnus, sed ūnicornis nōn est magnus. Tīgris magnā vōce ūnicornī hoc dīcit: "Quis es tū? Cūr ad agrōs venīs? Quid facis?"

Ūnicornis tīgrī hoc dīcit: "Mihi nōmen est Laurentius. Sum trīstis, sed nōn magnus. In arbore vīllam habeō. In arbore dormiō. Tū nōn mē amās et ego nōn tē amō. Tū mē terrēs, quod magnā vōce mihi clāmās."

---

[5] "unicorn"

Octāvius, quī in vīllā labōrat, tīgrem et Laurentium cōnspicit. Octāvius **tīgris**[6] vōcem audit et tīgrī hoc dīcit: "Tū **insolitē agis**[7]. Cūr clāmās, tīgris?" Tīgris iterum clāmat, quod ūnicornem nōn amat.

SUBITŌ tīgris et Laurentius pugnant! Tīgris Laurentium videt et Laurentiō **male facere**[8] vult. Laurentius quoque tīgrī male facere vult. Octāvius magnā vōce clāmat, "Nōlīte pugnāre!" Sed tīgris et Laurentius pugnant.

Tum Līvia, quae in vīllā alia facit, tīgrem et Laurentium audit et tandem videt. Līvia ūnicornem terrēre vult. SUBITŌ Līvia in arbore est! In arbore est vīlla; Laurentiī vīlla est! In arbore Līvia magnā vōce clāmat: "Nōlīte pugnāre! Ego et Octāvius tē amāmus, tīgris!"

---

[6] genitive here, "the tiger's"
[7] "you are acting strangely"
[8] "to hurt"

Tum tīgris, quī Līviae vōcem audit, nōn iam cum Laurentiō pugnāre vult. Laurentius, quī quoque Līviae vōcem audit, ex agrīs currit. Līvia est laeta, quod Laurentius tīgrem nōn terret. Sed Līvia ūnicornem terret! Līvia est puella fortis.

Capitulum V
Animālia in Silvā

Tīgris, cui nōmen est Antōnius, nōn iam cum Laurentiō pugnāre vult. Antōnius tīgris amīcum Laurentium habet. Līvia est laeta, nōn quod Laurentium terret. Līvia est puella laeta quod tīgris amīcum ūnicornem habet. Antōnius tīgris et Laurentius ūnicornis sunt amīcī. Tīgris et ūnicornis nōn iam pugnāre volunt, sed alia facere volunt.

Sub arbore sedent tīgris et ūnicornis. Antōnius Laurentiō hoc dīcit: "Quid facere

vīs[9], amīce? Vīsne ad silvam īre? Vīsne ad vīllam Līviae īre?"

Et Laurentius tigrī respondet, "Sī diēs est bonus, ad silvam īre possumus. Sī diēs est malus, ad vīllam Līviae prope Rōmam īre possumus." Diēs bonus est et amīcī ad silvam eunt.

SUBITŌ animālia in silvā sunt! Sed animālia trīstia sunt; tīgris et ūnicornis sōlī in silvā sunt. Nōn sunt alia animālia. Antōnius et Laurentius Octāvium et Līviam vidēre nōn possunt. Octāvius et Līvia prope Rōmam sunt; iam in vīllā rūsticā habitant. Puer et puella nōn animālia vident et audiunt, quod silva nōn prope vīllam est. Animālia timent.

SUBITŌ animālia magnum fragōrem audiunt! Multōs **magnōs fragōrēs**[10] tīgris et ūnicornis audiunt! Quī sunt fragōrēs? Suntne alia animālia? Suntne puerī et puellae? Suntne virī? Antōnius et Laurentius fragōrēs timent!

---

[9] "you want"
[10] "loud noises"

Fragōrēs **eōs**[11] terrent. Antōnius Octāvium et Līviam petere vult. Magnā vōce Antōnius tīgris clāmat, "OCTĀVĪ! LĪVIA! **FERTE AUXILIUM!**[12]" Sed auxilium ad eōs Octāvius et Līvia nōn ferunt. Octāvius et Līvia nōn animālia audīre possunt. Laurentius quoque magnā vōce clāmat.

Tandem Līvia Antōniī et Laurentiī vōcēs audit. Līvia auxilium ad amīcōs ferre vult. Līvia nōn silvam et fragōrēs timet; est puella fortis! Octāvius quoque ad silvam īre vult, sed dēfessus est. Octāvius in vīllā **labōrābat**[13]. Octāvius adhūc ferre auxilium vult. Līvia et Octāvius animālia in silvā petere volunt.

SUBITŌ Līvia et Octāvius ad silvam veniunt! Diēs bonus, nōn malus diēs est. Puer et puella amīcōs Antōnium et Laurentium petunt. Līvia animālia sub magnīs arboribus

---

[11] "them"
[12] "Bring help!"
[13] "was working"

cōnspicit, sed Octāvius dēfessus nōn **ea**[14]
videt. Octāvius sub arboribus dormīre vult.

Tandem tīgris Līviam videt; Laurentius
quoque eam videt. Tīgris puellae hoc dīcit:
"Līvia, fer auxilium! Sunt magnī fragōrēs in
silvā. Fragōrēs mē et Laurentium terrent.
Timēmus! Sed ubi est Octāvius?"

Līvia tīgrī respondet: "**Cum ad silvam
vēnīrēmus**[15], ego ad tē et Laurentium subitō
īre **voluī**[16], sed Octāvius, quī in vīllā labōrābat,
sub arboribus silvae dormīre voluit. Octāvius
adhūc dormit. Ego auxilium ad tē et
Laurentium ferō, Antōnī!"

Līvia quoque fragōrēs audit et tandem
videt **quae**[17] fragōrēs faciunt. Sunt puerī et
puellae! Sunt puerī et puellae quī in vīllīs
rūsticīs prope silvam habitant. Sed quī sunt hī
puerī et hae puellae? Līvia puerōs et puellās

---

[14] "them" - refers to the *animālia*
[15] "When we came to the forest"
[16] "I wanted"
[17] "what"

terret, quod eīs magnā vōce clāmat: "Terrētis amīcōs meōs! Abīte!" Tum puerī et puellae ē silvā currunt. Līvia magnum auxilium ad amīcōs fert. Līvia est puella fortis et ē silvā animālia fert. Antōnius et Laurentius Līviam amant. Sed ubi est Octāvius? Octāvius adhūc sub arboribus in silvā dormit.

Capitulum VI
Octāviī Familia

Octāvius et Līvia iam in hortō prope vīllam sunt. Līvia scrībit et Octāvius sedet. Laetī sunt amīcī quod animālia nōn iam **territa**[18] sunt. Sed Octāvius quoque trīstis est quod auxilium ad amīcōs ferre **nōn potuit**[19]. Līvia tamen nōn est īrāta. Puella ad Octāviī vīllam īre vult, quod puerī mātrem vidēre vult. Līvia habet patrem, sed nōn mātrem habet. Octāvius tamen mātrem et patrem

---

[18] "scared"
[19] "he could not"

habet. Octāviī māter est Līviae amīca et auxilium ad Līviam fert, quod Līvia nōn mātrem habet.

Octāviī māter et pater in vīllā labōrant. Laetī sunt quod Līvia eōs vidēre vult. Per vīllam quoque ambulant multī servī. Servī Octāvium et Līviam vident. **Multa**[20] puerō et puellae servī dīcunt. Omnēs servī cibum **parāre solent**[21]. Quid parant? Crustula Līviae parant, quod **eōrum**[22] crustula Līviae placet. Ad culīnam eunt servī et multa in culīnam portant. Octāvius et Līvia sunt laetī, quod crustula cōnsūmere volunt.

SUBITŌ Antōnius et Laurentius per agrōs currunt! Antōnius cibum vult sed nōn habet. Laurentius audit **servōs parāre crustula**[23]. Ūnicornis crustula ad tīgrem ferre vult. Difficultās tamen est: crustula nōn

---

[20] "many things"
[21] "usually prepare," "are in the habit of preparing"
[22] "their"
[23] "the slaves are preparing cookies"

animālibus, sed Līviae parant servī. Quid Laurentius facere potest?

SUBITŌ ūnicornis ad Octāviī vīllam it! Laurentius hoc Octāviī mātrī et patrī dīcit: "Ferte auxilium! Ego et Antōnius cibum volumus, sed nōn habēmus cibum. Potestisne cibum ad mē et tīgrem portāre?"

Tum Octāviī māter ūnicornī respondet, "Nōn multum cibum ad tē et Antōnium portāre possum, sed necesse est tibi et Antōniō cibum cōnsūmere. Mox crustula ad tē et tīgrem ferō, quod animālia amō." Et mox māter crustula ad animālia portat.

Antōnius, quī sedet prope aquam, crustula cōnsūmit. Mox Līvia ad animālia it et omnēs ad Octāviī vīllam ambulant. Līvia multum cibum animālibus parat. Omnēs laetī sunt.

Capitulum VII
Līvia Occupāta Esse Vult

Octāvius et Līvia sunt in vīllā. Puer et puella sunt in triclīniō et crustula cōnsūmunt. Līvia, "Octāvī, mī amīce," inquit, "labōrāre volō! Nōn sum occupāta, et volō esse occupāta. Multa facere volō."

Octāvius Līviam cōnspicit. Octāvius, "Līvia, amīca mea," inquit, "ad tē auxilium ferō. Ad urbem īre possumus. Multa Rōmae facere potes!" Et Octāvius et Līvia ad urbem Rōmam eunt.

Antōnius et Laurentius tamen in hortō sunt. Antōnius, quī adhūc cibum vult, mūrem in hortō petit. Mūrem tīgris videt et nunc habet! Antōnius mūrem Laurentiō trādit. Ūnicornis ad culīnam ambulat et servōs labōrantēs videt. Animal mūrem servīs trādit. Laurentius vult servōs parāre mūrem Antōniō. Tum ūnicornis et servī mūrem tīgrī parant.

Antōnius Octāvium et Līviam petit, sed eōs nōn videt. Mox tīgris audit amīcōs ad urbem **īre**[24]. Antōnius, quī in triclīniō mūrem et crustula cōnsūmit, Laurentium cōnspicit. Tīgris, "Laurentī," inquit, "vīsne ad urbem īre? Līvia in urbe labōrāre vult, et iam Rōmam cum Octāviō it." Nunc Laurentius quoque ad urbem īre vult.

SUBITŌ vir ad vīllam venit. Est vir Rōmānus. Est Līviae pater! Līviam vidēre vult. Antōnius virum audit et ad eum currit. Līviae pater timet, sed SUBITŌ vōcem tīgris audit. "Antōnī!" inquit vir, "Laetus sum tē vidēre! Ubi est Līvia?"

Antōnius, "Līvia Rōmam cum Octāviō it," inquit. "Puella labōrāre vult, quod occupāta esse vult."

Pater Līviae, "Auxilium ad Līviam ferō!" Tīgris et ūnicornis sunt laetī. Pater

---

[24] "are going"

quoque Antōnium et Laurentium ad urbem dūcere potest. Tum omnēs ad urbem eunt.

SUBITŌ Octāvius et Līvia in urbe sunt! Urbs tamen nōn est Rōma. Est parva urbs prope Rōmam. Nōn possunt Rōmam īre, quod **viam nesciunt**[25]. Sed Līvia, "Est amīca Laurentiī in hāc urbe," inquit, "quae tabernam habet. Volō eam petere, quod in hāc tabernā labōrāre volō!" Et ad tabernam amīcae Laurentiī eunt puer et puella. Sed difficultās est: ūnicornis amīca nōn est in hāc urbe; ea est Rōmae! Ad tabernam tamen Līvia ambulat et puellīs labōrantibus hoc dīcit: "Salvēte! Possumne in tabernā labōrāre?" "Necesse est tibi ūnicornem petere," puella Līviae respondet.

SUBITŌ animālia et Līviae pater ad parvam urbem veniunt. Octāvium et Līviam vident. Līvia patrem amat et omnia eī dīcit. Līviae pater eam, Octāvium, et animālia

---

[25] "they don't know the way"

Rōmam dūcere vult. Mox Rōmam **ībunt**[26], sed nunc ad vīllam Līviae eunt, et multum cibum in triclīniō cōnsūmunt.

Capitulum VIII
Pars I: Quis est Rōmula?

Rōmula est ūnicornis. Rōmula est Laurentiī amīca. Rōmula tabernam in parvā urbe habet. Parva urbs prope Rōmam est. Nunc Rōmula Rōmae est. Sed Rōmula nōn Rōmae habitat. In parvā urbe prope tabernam habitat.

Rōmula Rōmae est quod **multa in tabernam ferenda**[27] petit. Difficultās tamen est: taberna est in alterā urbe, et Rōmula est sōla. Rōmula nōn multa ad alteram urbem portāre potest. Necesse est Rōmulae Laurentium amīcum petere. Laurentius eī auxilium ferre potest. Laurentius est parvus

---

[26] "they will go"
[27] "many things that must be brought into the shop"

ūnicornis sed fortis. Rōmula Laurentium amat. Laurentius Rōmulam amat. Et SUBITŌ Rōmula raedam ad parvam urbem agit.

Līviae pater omnēs Rōmam dūcere vult. Līvia, Octāvius, Antōnius, et Laurentius raedam patris intrant. Pater raedam in viā agit. SUBITŌ in viā ūnicornem vident! Laurentius magnā vōce clāmat, "Est Rōmula! Salvē, mea amīca!" Līvia est laeta quod in eius tabernā labōrāre vult.

Rōmula laeta, "Salvē, mī amīce!" inquit. "Laeta sum vōs omnēs vidēre! Estne haec puella Līvia? Laurentius **mihi dīxit tē velle labōrāre**[28]. In tabernā meā tū potes labōrāre. In tabernā est cubiculum; in cubiculō puellae gemmās faciunt. Tū potes gemmās facere. Nōs quoque ōllās in tabernā habēmus. In tabernā quoque potes ōllās trādere. Nunc necesse est mihi īre ad parvam urbem. Potestisne vōs dūcere mē ad parvam urbem?"

---

[28] "told me you want to work"

Et Līviae pater, "Nōs possumus," inquit, "tē ad urbem dūcere. Agite, omnēs!"

SUBITŌ celeriter ad urbem veniunt. Brevī tempore omnēs in tabernam intrant. In tabernā Rōmulae multae puellae strēnuē labōrant. **Aliae** puellae ōllās portant, **aliae**[29] puellae gemmās faciunt. Līvia nunc in tabernae cubiculō labōrat. Līvia multās gemmās facit. Puellae sunt laetae, quod Līvia eīs placet. Omnēs Līviam amant, quod ea strēnuē labōrat. Līviae placet labōrāre.

Pars II: In Parvā Urbe

Antōnius est in tabernā. Tīgris quoque in tabernā labōrat. **Cum**[30] mūrēs et alia animālia in tabernam intrant, Antōnius eōs cōnsūmit! Antōnius est **magnō auxiliō Rōmulae**[31]. Rōmulae Antōnius placet.

---

[29] "some… other…"
[30] "when"
[31] "a great help to Romula"

Laurentius tamen cum Octāviō in urbe ambulat. Ad alteram tabernam eunt puer et ūnicornis. In tabernā crustula petunt. Laurentius crustula amīcae Rōmulae ferre vult. Octāvius tamen cibum cōnsūmere vult. SUBITŌ Octāvius aliam tabernam cōnspicit: in hāc tabernā servī cibum optimum parant. In hanc tabernam intrat Octāvius et Laurentius ad crustulōrum tabernam it.

Līvia, quae nunc in cubiculō tabernae Rōmulae strēnuē labōrat, multās magnās gemmās facit. Omnēs Līviae gemmās amant! Rōmula est laeta quod Līvia est puella occupāta. Difficultās tamen est: Antōnius omnēs mūrēs cōnsūmit et nōn occupātus est! Līvia nunc ōllam puellae trādit, et SUBITŌ magnum fragōrem audit! Est Antōnius! Antōnius per tabernam currit et ōllīs **male facit**[32]! Antōnius nunc est tīgris malus. Rōmula magnā vōce clāmat, "Age, Antōnī!

---

[32] "damages" or "breaks" - literally "does harm to"

Nōlī ōllīs male facere!" Celeriter Antōnius ē tabernā currit.

Līvia Antōnium prope viam videt. Līvia, "Cūr per tabernam curris?" inquit. "Rōmula est amīca nōbīs. Necesse est tibi auxilium ferre in tabernā Rōmulae. Ecce! Laurentius venit. Laurentius crustula habet. Potesne ferre crustula ad Rōmulam?"

Et Antōnius, "Possum ferre crustula in tabernā," respondet.

Rōmula Laurentium et tīgrem videt. Laeta est vidēre amīcum Laurentium. Sed **laetior**[33] est quod Antōnius crustula eī trādit; tīgris, "Laurentius habet crustula tibi," inquit. "Ego crustula ad tē ferō. Et quoque ego nōn iam male faciam ōllīs in tabernā."

Rōmula clāmat, "Vōs estis amīcī optimī! Amō vōs! Tempus **crustulōrum cōnsūmendōrum**[34] est!" Līvia tamen in cubiculō labōrat. SUBITŌ Līvia ōllam

---

[33] "happier"
[34] "to eat cookies"

crustulōrum Rōmulae facit! Rōmulae ōlla placet. Laetae sunt Rōmula et Līvia.

Octāvius tamen iterum dēfessus est. Multum cibum **cōnsūmpsit**[35] et nunc dormīre in viā vult. Ūnicornēs et Līvia Octāvium dormientem cōnspiciunt et eum excitāre volunt. Sed Octāvium excitāre nōn possunt. Octāvius adhūc dormit. Līvia et Laurentius et Rōmula patrem et mātrem Octāviī petere volunt.

Capitulum IX
Octāvius Excitātur

Līvia est in tabernā Rōmulae. Antōnius mūrēs prope tabernam petit. Ūnicornēs in urbe sunt. Rōmula et Laurentius in alterā tabernā sunt. Cum Rōmula abit, Līvia tabernam tenet. Līvia puellās labōrantēs cōnspicit et gemmās et ōllās omnibus trādit. Octāvius nōn est in tabernā, sed nōn iam in

---

[35] "he ate"

viā dormit. Octāvius tandem **excitātur**[36]. Nunc puer ad tabernam it quod Līviam petit.

Līviae pater ad vīllam mātris et patris Octāviī it. Līviae pater nunc raedam in viā agit. Omnēs auxilium ad Octāvium ferre volunt. Sed nēmō Octāvium vīdit. Nesciunt ubi Octāvius **sit**[37].

SUBITŌ Octāvius tabernam intrat! Sed nēmō eum audit. Ad cubiculum ambulat et Līviam amīcam videt. Līvia strēnuē labōrat et tandem amīcum videt. Līvia, "OCTĀVĪ!" clāmat. "Tū es hīc! Tū nōn dormīs! Cūr in viā dormiēbās? Nōs omnēs sumus laetī tē vidēre!"

Et Octāvius, "Līvia," inquit, "mea amīca, dēfessus eram quod multum cibum cōnsūmpsī. Nōlō iterum in viā dormīre. Nōn mihi placet in viā dormīre. Volō occupātus esse. Tibi hoc prōmittō: labōrāre possum. Hīc esse volō."

---

[36] "is awakened"

[37] **sit** ≈ **est**

Līvia, "Ego **temptābō**[38]," inquit, "tabernam petere, **in quā**[39] tū potes labōrāre. Tibi hoc prōmittō."

Eō tempore[40] Rōmula et Laurentius crustula in alterā tabernā cōnsūmunt, et multa dīcunt. Laurentius Rōmulam amat, et Rōmula quoque Laurentium amat. Cibum in tabernā crustulōrum cōnsūmunt. Puerum miserum labōrantem vident quī nōn vult hīc esse. Necesse est aliō puerō in tabernā crustulōrum labōrāre! Sed quis potest hīc labōrāre? Estne puer quī occupātus esse **velit**[41]?

Līvia cum Antōniō tīgre ā tabernā abit. SUBITŌ Līvia et Antōnius ad tabernam crustulōrum ambulant! Līvia crustula ad patrem ferre vult. Et ecce! Puella ūnicornēs amīcōs cōnspicit! Antōnius quoque Laurentium et Rōmulam cōnspicit et ad eōs

---

[38] "I will try"
[39] "in which"
[40] "at this time"
[41] **velit** ≈ **vult**

currit. Sed tīgris ōllam crustulōrum **petit**[42], et omnia crustula cōnsūmit! Līvia est īrāta et ē tabernā tīgrem dūcit. Antōnius abit. Sed Rōmula et Laurentius nōn sunt trīstēs, quod multa crustula iam cōnsūmpsērunt.

Līvia, quae temptat auxilium Octāviō ferre, hoc Rōmulae dīcit: "Estne taberna in hāc urbe in quā Octāvius labōrāre **possit**[43]?"

Et Rōmula, "Est!" inquit. "Hīc Octāvius occupātus esse vult! Necesse est puerō mūnus habēre in hāc tabernā. Vultne Octāvius crustula ferre? Virī hīc puerum petunt, quī crustula ferre possit."

"Nēmō potest crustula ferre **celerius**[44]!" respondet Līvia. "Octāviō placet currere! Sed quoque eī placet dormīre…"

Līvia mūnus Octāviō prōmīsit et nunc Octāvius mūnus tenet. Octāvius est laetus.

---

[42] "heads for"
[43] **possit** ≈ potest
[44] "more quickly"

Octāvius multa crustula per urbem fert.
Strēnuē labōrat Octāvius eō tempore.

Capitulum X
Multa Mūnera

Octāvius mūnus habet. Puer crustula ad
omnēs in urbe fert. Līvia quoque mūnus
habet. Puella gemmās facit et ōllās trādit.
Multae puellae Rōmānae gemmās Līviae
tenent[45]. Līvia gemmās suās in cistās pōnit.
Octāvius crustula in cistās pōnit. Octāvius
magnam cistam crustulōrum per viās urbis
portat. Līvia magnās cistās gemmārum et
ōllārum in tabernā Rōmulae portat. Rōmula
iubet Līviam gemmās et ōllās in cistās pōnere.
Vir in crustulōrum tabernā iubet Octāvium
crustula in cistās pōnere.

Antōnius mūnus habet. Tīgris sub
arbore prope tabernam stat et mūrēs

---

[45] "possess"

cōnsūmere solet[46]. Laurentius quoque mūnus habet. Parvus ūnicornis crustula in tabernā parat. Laurentius cum Octāviō iter per urbem facere solet. In itinere Laurentius auxilium Octāviō ferre solet.

Rōmula stat in tabernā cum Līviā et puellīs. Sed Rōmula alterum mūnus habet: Rōmula crustula parat cum Laurentiō! Rōmula nōn crustula fert, quod in tabernā suā labōrāre solet.

SUBITŌ Laurentius ad Octāvium currit. "Octāvī," inquit, "magna difficultās est nōbīs! Nōn possumus crustula parāre! Nōn habēmus **ea ad crustula paranda**[47]. Potesne īre Rōmam et portāre multa ad crustula paranda? Fortasse tū et Antōnius potestis īre. Necesse est tibi iubēre Antōnium auxilium tibi ferre."

Octāvius, "Possum," inquit, "sed volō dormīre. Dēfessus sum."

---

[46] "usually eats"
[47] "the things for making cookies"; "the cookie-making supplies"

Et Octāvius in mēnsā tabernae dormit. Antōnius prope mēnsam SUBITŌ stat. Antōnius magnā vōce clāmat, "**EXCITĀ TĒ**[48], OCTĀVĪ! Nōlī dormīre, necesse est tibi mūnus agere!" Et Octāvius respondet, "Salvē, Antōnī… quid vīs?"

"Volō auxilium tibi ferre," respondet tīgris. "Laurentius mihi omnia dīxit: necesse est nōbīs Rōmam īre. Raedam habeō. Equōs celerēs quoque habeō. Sī nunc abīmus, mox Rōmam venīre possumus. Age, amīce!" Tum Octāvius et Antōnius Rōmam iter faciunt.

Eō tempore Līvia stat in tabernā cum Rōmulā. Līvia tenet gemmam optimam quam **illa**[49] fēcit. Laurentius intrat et insolitē agit. Rōmula, "Laurentī, mī amīcissime," inquit, "cūr insolitē agis? Cūr es miser?"

---

[48] "wake yourself up"
[49] "she"

"Miser sum quod Octāvius et Antōnius Rōmam iter faciunt. Octāvius **nescit**[50] raedam agere. Nōlō **mala**[51] ad eōs venīre."

SUBITŌ Līvia, puella fortis, respondet, "Auxilium eīs ferō! Rōmam iter faciō." Rōmula raedam cum **raedāriō**[52] et equīs Līviae parat. Brevī tempore Līvia Rōmam iter facit.

SUBITŌ Līvia et raedārius raedam in viā agunt! Puerum miserum prope viam vident. Puer prope viam dormit. Quis est puer miser?

---

[50] "doesn't know how to"
[51] "bad things, misfortunes"
[52] "carriage driver"

Capitulum XI
Quis est Puer Miser?

Līvia et raedārius **abiērunt**[53]. Octāvius et Antōnius abiērunt. Rōmula et Laurentius in tabernā **stant**[54]. Puerum miserum dormientem prope viam Līvia et raedārius vident. Puer raedam impedit. SUBITŌ Līvia eum excitāre temptat et eī hoc dīcit: "Quis es tū? Vīdīne tē? Labōrābās in tabernā crustulōrum, **nōnne**[55]?"

Puer Līviae respondet, "Nōmen mihi nōn est. Vīllam quoque nōn habeō. Prope portam urbis dormīre soleō. **Abiī**[56] quod in urbe habitāre nōn possum. Ego in tabernā crustulōrum labōrābam. Vir quī tabernam tenet mihi īrātissimus erat, quod ego mūnus nōn agēbam. In mēnsā dormīre solēbam. **Īrātus virō**[57] tamen ego nōn sum. Nōlō

---

[53] "went away"
[54] here, "stay"
[55] "right? isn't that so?"
[56] "I went away"
[57] "angry at the man"

labōrāre in urbe; ad agrōs effugere volō. Puer rūsticus sum. Mihi placet sub arboribus dormīre et in arboribus habitāre."

Trīstēs sunt Līvia et raedārius. Cistam cibī habet Līvia. Līvia cibum puerō miserō trādit. Puer miser est laetus, quod cibum vult. Quamquam puer cibum nunc habet, puer adhūc miser est. Ad agrōs effugere vult. Līvia et raedārius auxilium puerō miserō ferre volunt.

Līvia, "Puer," inquit, "ego et amīcī meī auxilium ad tē ferre volumus! Trīstēs sumus quod tū miser es. Fortasse nōs ad agrōs tē dūcere possumus! Raedam cum equīs celeribus habēmus. Vīsne iter facere in raedā?"

Puer miser Līviae **laetē**[58] respondet, "Volō! Nōn prope viam, sed sub arbore in

---

[58] "happily"

agrīs dormiam! In arboribus habitāre **poterō**[59]! Vōs estis amīcī optimī!"

Tum Līvia, raedārius, et puer miser iter ad agrōs faciunt. SUBITŌ difficultās tamen est: animal in viā eōs impedit. Est Antōnius! Antōnius tīgris magnā vōce clāmat: "LĪVIA! FER AUXILIUM! Est magna difficultās mihi et Octāviō!"

Līvia, "Octāvius nescit raedam agere, nōnne?" inquit.

Antōnius, "Ego voluī raedam agere," respondet, "quamquam Octāvius raedam agēbat. Et nunc est difficultās."

Quid est difficultās eīs? Effugietne puer miser ad agrōs? Venientne amīcī ad portam Rōmae? Mox vīderimus!

---

[59] "I will be able"

Capitulum XII
Dē Difficultāte

Antōnius, quamquam timet, omnia dē difficultāte amīcīs dīcit:

"Octāvius est puer bonus, sed nōn est raedārius bonus. Ego et Octāvius in raedā iter faciēbāmus. Octāvius **cibōrum raedam**[60] vīdit. Ego crustula et aliōs cibōs olfaciēbam; nōs cibum cōnsūmere volēbāmus. Octāvius celeriter raedam agēbat, quod cibōrum raedam invenīre volēbat. Octāvius prope raedam agēbat et SUBITŌ magnum fragōrem audīvimus! Octāvius raedam nostram in fossam agēbat. Nunc raeda nōn **movērī**[61] potest, et Octāvius eam ē fossā trahere nōn potest."

"Miserum Octāvium!" inquit Līvia. "Possumusne auxilium ad eum ferre?" rogat puella.

---

[60] "food carriage"
[61] "be moved"

"Octāvius et equī bonī sunt; nōn male agunt," respondet Antōnius. "Sī vultis, vōs omnēs potestis venīre ad fossam et trahere raedam ē fossā! Vidēte mē! Ego ad raedam nostram vōs dūcam."

Puer miser tamen rogat, "Quid dē mē? Volō effugere ad agrōs! Estne fossa prope agrōs?"

Antōnius, "Ita, est," respondet. "Venī cum omnibus, miser amīce!"

Līvia, Antōnius, et puer miser ad fossam eunt. Brevī tempore Octāvium in fossā dormientem et raedam inveniunt amīcī. Antōnius magnā vōce clāmat, "OCTĀVĪ! **NŌN IAM EST DORMIENDUM TIBI!**[62] Ecce, amīcī sunt hīc. Auxilium nōbīs ferre volunt."

Līvia, cum Octāvium videt, "Mī amīce, laeta sum quod nōn male agis!" inquit et

---

[62] "You must not sleep anymore!"

rogat, "Sed cūr raedam **ēgistī**[63]? Nescīs agere! Antōnius optimē **scit**[64] raedam agere…"

Et Octāvius, "Tū scīs mē! Mihi placet cibus bonus. Antōnius cibōs olfaciēbat et voluī cibōrum raedam petere. Sed cibōrum raeda nōs in viā impediēbat, quod nēmō agēbat. SUBITŌ, **fragōre audītō**[65], erāmus in fossā! Sī vōs raedam ē fossā trahitis, tandem Rōmam iter facere nōs omnēs possumus. Necesse est Rōmam īre et invenīre **ea ad crustula paranda**[66]!"

Līvia, puella bona, prope fossam stat et ferre auxilium vult. SUBITŌ Laurentius venit! Laurentius amīcīs hoc dīcit: "Salvēte, omnēs! Rōmula scit dē difficultāte et mox ad fossam venit. Est amīca nostra bona, nōnne? Rōmula quoque alteram puellam cum eā fert." Omnēs

---

[63] "did you drive"
[64] "knows how"
[65] "after the crash had been heard"
[66] See footnote 46.

laetī sunt quod Rōmula mox venit et auxilium fert.

Sed quid scīmus dē puerō miserō? Estne in agrīs? Ita, est. Nunc vīllam in arbore facit et in eā habitat. Sub arbore quoque dormit eō tempore. Sed est difficultās puerō miserō: cum Octāvium **vidēret**[67], insolitē ēgit. Cūr? Invēnerimus!

Capitulum XIII
Insolita Aguntur

Octāvius et amīcī prope raedam stābant. Raeda adhūc in fossā erat. Nēmō raedam ē fossā trahere poterat. SUBITŌ Rōmulam in viā Octāvius et amīcī vidēbant! Rōmula, cum amīcōs **cōnspexisset**[68], "Salvēte, omnēs!" magnā vōce clāmāvit et omnēs respondērunt, "Salvē, Rōmula!" Sed Rōmula nōn sōla

---

[67] "he saw"
[68] "she had caught sight of, she had noticed"

veniēbat; puella misera quaedam cum eā ībat. Quis est?

Nunc puella ad omnēs ambulat. Insolitē agit. Tandem puella hoc dīcit: "OCTĀVĪ? Nōnne es tū?"

Octāvius, "**Papae[69]!**" inquit. "OCTĀVIA? Sed… ubi habitābās? Ego et parentēs tē **petēbāmus**[70], sed tē nōn inveniēbāmus! Auxilium ā tē rogō!"

Tum Līvia, "QUID? Tū habēs sorōrem? Nōn mihi hoc dīxistī!"

Octāvius, "Ita, sorōrem habēbam, et nunc habeō. Ā vīllā nostrā effugiēbat."

Līvia rogat, "Cūr?"

Octāvia, id est, Octāviī soror, omnia omnibus, "Insolitum est," inquit, "sed vōbīs dīcam. Ā vīllā effugiēbam quod frātrem meum invenīre volēbam. Ego et Octāvius habēmus alium frātrem. Hic puer miser prope portam urbis dormīre solēbat. Sed nōn iam

---

[69] "Wow!"

[70] "we kept on looking for"

prope portam est. In urbe ambulābam et tum tabernam quandam intrāvī, quod gemmās optimās vīdī. Rōmula, quae tabernam tenet, mūnus mihi trādidit. Dē frātre meō Rōmulae dīcēbam. Rōmula trīstis auxilium ferre volēbat. Rōmula et Laurentius volunt frātrem meum invenīre. Sed hīc alterum frātrem meum inveniō!"

Līvia, "Papae! Estne puer miser quī in agrīs habitat?" inquit.

"Fortasse," inquit Octāvia.

Et Octāvius SUBITŌ magnā vōce clāmāvit, "ITA, EST! Cum puer mē **vīdisset**[71], insolitē agēbat. Nunc sciō! Puer miser est frāter noster, mea soror! **Ī**[72] ad agrōs et fer eum ad nōs!"

Eō tempore Antōnius et Laurentius ad urbem īre temptant. **Alia animālia auxilium**[73] ad raedam in fossā ferre volunt. SUBITŌ

---

[71] "had seen"
[72] "Go"
[73] "other animals as help"

Antōnius magnā vōce clāmat, "Perīculum! Est raeda in viā!" Raeda Antōnium et Laurentium terret.

Ecce! In raedā sunt parentēs Octāviī et Līviae pater! Octāviī pater puerō et puellae clāmat: "OCTĀVĪ! OCTĀVIA! Quid facitis? Cūr est raeda in fossā? Et Octāvia, ubi erās? Ego et māter tē petīvimus. Sed puerum miserum quoque vidēre volumus. Est frāter vōbīs, nōnne?" Octāvia patrī dē puerō in agrīs dīcit; ea et pater ad agrōs eunt.

Līvia, Rōmula, et Octāviī māter tamen magnum auxilium parant.

Capitulum XIV
Pars I: Iter ad Agrōs

Diēs bonus erat. Omnēs gaudēbant.
Octāvius et Līvia prope raedam in fossā
stābant. Līviae pater cum eīs stābat. Rōmula et
Octāviī māter in urbem ad tabernam Rōmulae
iter faciēbant. Octāvia et pater in agrōs ībant;
puerum miserum petēbant. Antōnius tīgris et
Laurentius ūnicornis cum Octāviā et eius
patre in agrōs ībant. Antōnius, quod tīgris est,
optimē omnia olfacere potest. Antōnius
puerum miserum in agrīs olfacere poterat; ita
tīgris viam dūcēbat.

Nunc Octāvia, pater, et animālia sunt in
agrīs. SUBITŌ Antōnius magnā vōce clāmat,
"ECCE! Puerum miserum olfaciō et
cōnspiciō!" Puer miser, sub arbore sedēns,
patrem et sorōrem videt et, "OCTĀVIA?
PATER?" inquit. "Cūr ad mē venītis? Nōnne
tū ā vīllā effūgistī, soror? Hīc habitō nunc,

pater. Nōlō ad vīllam īre. **Gaudeō quod**[74] vōs videō, sed, **mē nesciente**[75], vēnistis."

Octāvia eī respondet, "Ā vīllā effūgī quod tē invenīre volēbam! Tū es frāter meus et nōlō tē male agere. Ego et pater tē petēbāmus quod tē amāmus, quamquam tū es miser. Familia nostra est misera. Sed familia miserrima est **sine**[76] tē. Gaudēmus quod tē invēnimus!"

Pater (quoque nōmine Octāvius) puerō miserō hoc dīcit: "Venī, puer. Octāvius est frāter tibi, nōnne? Octāvius est in perīculō. Raeda sua est in fossā. Volumus auxilium ad eum ferre. Vīsne tū īre ad fossam? Sī nōn ībis, īrātus erō. Necesse est tibi ad frātrem īre, quod pater sum, et tē iubeō!"

Puer miser respondet, "Papae! Nunc sciō! Līvia mē ad fossam prope hōs agrōs dūcēbat et tum Octāvium vīdī, sed nesciēbam

---

[74] "I am happy that", "I am happy because"
[75] "with me not knowing," "while I was unaware"
[76] **sine** ↔ **cum**

45

quis **esset**[77]. Quamquam insolitē agēbam, amīcus quīdam **mihi vidēbātur**[78]. Gaudeō quod frātrem meum et sorōrem meam habeō! Sed adhūc miser sum. Cum Octāvium iterum **vīderō**[79], fortasse nōn miser erō. Nesciō." Et mox misera familia omnis erit.

Eō tempore Antōnius et Laurentius in silvā prope agrōs sunt et **insolitum**[80] vident. Cum Antōnius mūrēs **cōnsūmeret**[81] in silvā, incendium cōnspiciēbat! Antōnius magnā vōce clāmābat, "PERĪCULUM! FERTE AUXILIUM! EST MAGNUM INCENDIUM IN SILVĀ!" Omnēs SUBITŌ tīgrem audiunt. Puer miser, cum omnia cōnspicit, "Nōn incendium in silvā faciēbam, **nōlī culpam in mē pōnere**[82]!"

---

[77] **esset ≈ erat**

[78] "he seemed to me"

[79] "I will have seen," "I see"

[80] "a strange thing"

[81] "was eating"

[82] "don't put the blame on me"; "don't blame me"

Laurentius, "Hoc scīmus," inquit, "sed ego et Antōnius volumus aquam ad incendium portāre. Īte[83] ad fossam et auxilium ad Octāvium ferte! Hīc **stāmus**[84]. Ad fossam mox venīmus." Tum Octāvia, frāter miser, et pater iter ad fossam faciēbant.

Pars II: Prope Fossam

Eō tempore Rōmula et Octāviī māter ad tabernam veniunt. Hīc magnum auxilium parant fēminae. Rōmula, quod est ūnicornis fortis, trahere et movēre **magna**[85] potest. In tabernā fēminae magnum fūnem petunt. Fūne magnō Rōmula raedam ē fossā trahere et movēre potest! In tabernā fūnem fēminae inveniunt.

Necesse tamen est Octāviī mātrī fūnem ad fossam portāre, quod Rōmula quoque multa crustula ad omnēs fert. Rōmula et

---

[83] "Go"
[84] "we are staying"
[85] "large things"

māter crustula optima fēcērunt. Māter gaudet quod familia misera iterum omnis est! Nunc fēminae ad fossam iter faciunt.

Prope fossam sedēbant Octāvius, Līvia, et Līviae pater. Nesciunt dē incendiō et perīculō animālium, sed Līvia scit omnia dē fūne et crustulīs parātīs. Līvia gaudet quod scit Rōmulam et Octāviī mātrem auxilium ferre.

Octāvius tamen familiam et auxilium vult. SUBITŌ Octāvia, puer miser, et pater appārent! Puer miser, "Salvē, frāter!" inquit. "Gaudeō quod tē et sorōrem invēnī!"

Octāvius, "Frāter, laetus sum tē iterum vidēre!" respondet. "Sed cūr tū mē nesciēbās? Mē vīdistī hīc prope fossam et in crustulōrum tabernā! Tū mūnus meum habēbās! Quamquam haec fēcistī, tū es meus frāter et tē amō. Nōnne familia nostra est misera?"

Puer miser, "Ita, est familia misera… sed ubi est māter?"

Octāvia respondet, "Māter nostra ad urbem cum Rōmulā iter faciēbat. Sciō eam parāre magnum auxilium, sed nesciō quid **sit**[86]."

Cui Līvia, "Ego sciō, sed nōn dīcō… ECCE! Antōnius et Laurentius veniunt!"

Laurentius hoc omnibus dīcit: "Salvēte. Ego et Antōnius magnum incendium in silvā vīdimus et multam aquam ad incendium portābāmus. Incendium nōs movēbat; ita multum auxilium ferēbāmus. Mūnus nostrum **ēgimus**[87]. Nunc incendium nōn est."

Octāvius, "Papae! Animālia fortia estis! Et quid est hoc auxilium, mea Līvia?"

"Mox vīderis, mī amīce…" Līvia respondet.

Fēminae per viam iter faciunt. SUBITŌ Rōmula et māter Octāviōrum prope raedam stant! Magnum fūnem habet Rōmula. Ūnicornis fēmina Līviam rogat, "Potesne

---

[86] See footnote 36.
[87] "we have done"

pōnere fūnem in raedā? Fūne raedam ē fossā
movēbō." Līvia et māter fūnem in raedā
pōnunt et mox Rōmula raedam trahere potest.
Tum Līvia et Rōmula raedam trahunt.

SUBITŌ Līvia, auxiliō Rōmulae et
mātris, **celerrimē**[88] raedam ē fossā movet!
Papae! Nōn iam est perīculum! Omnēs
gaudent! Octāvius est laetissimus omnium.
"Grātiās vōbīs agō, Līvia, Rōmula, et māter!
Nunc tandem Rōmam īre possumus et **ea ad
crustula paranda**[89] invenīre!" clāmat.

Māter **Octāviōrum**[90] omnibus hoc dīcit:
"Laetissima sum omnem familiam miseram
meam vidēre! Vōs omnēs sunt bonī mihi.
Crustula vōbīs omnibus parāvī. Nōs omnēs
nōn male agimus. Nōs parentēs iterum
dormīre sine difficultāte possumus!" Omnēs
crustula cōnsūmunt et tempus optimē agunt.

---

[88] "very quickly"
[89] See footnote 46.
[90] "of the Octavii, of Octavius' family"

Ecce! Venit nunc vir quīdam. Est raedārius **cibōrum raedae**[91]! Octāvium videt et, "Salvē," inquit, "raeda in fossā erat mea culpa. Raeda mea in viā erat quod dormīre voluī. Nunc vōbīs omnibus multōs cibōs trādō. Crustula multa vōbīs habeō, et tibi, tīgris, multōs mūrēs habeō!"

Antōnius clāmat, "PAPAE! GRĀTIĀS!"

Omnēs grātiās raedāriō agunt. Familia misera eō tempore laeta est. Octāvia et puer miser Rōmam cum frātre īre volunt. Parentēs eīs hoc dīcunt: "Ita, vōs cum frātre et Līviā īre potestis. Sed, scrībite nōbīs dē itineribus Līviae et amīcōrum!" Et brevī tempore omnēs parentēs ad vīllās suās ībant. **Quid nunc agant amīcī?**[92]

---

[91] "of the food carriage"
[92] "What should the friends do now?"

Capitulum XV

Via Rōmam

Raeda in fossā erat, sed nōn iam est. Līvia et amīcī iter nōn longum Rōmam faciēbant. Via Rōmam, ubi ea sunt ad crustula paranda, nōn longa est. **Octāviō est mūnus**[93] ea **petendī**[94] ad crustula paranda cum sorōre Octāviā, Antōniō tīgre, Laurentiō ūnicorne, frātre puerō miserō, et amīcā suā Līviā. **Longē**[95] Octāvius raedam agēbat. **Longē**[96] amīcī Rōmam vidēbant.

Alia tamen difficultās est: magna arbor viam impedit. Līvia et Octāvia auxilium bonum parant. Fūnem longum adhūc habent. Fūne duae puellae trahere arborem ē viā volunt, sed nōn possunt. SUBITŌ puellae duōs bovēs in agrīs vident. "Illī duo bovēs fortasse arborem movēre possunt!" clāmat

---

[93] "Octavius has a job"
[94] "of looking for"
[95] "for a long time"
[96] "far off"

52

Līvia. Octāvia Līviae respondet, "Tēcum stō, amīca! **Dūc**[97] illōs duōs bovēs ad arborem!"

Eō tempore Octāvius et puer miser dormiēbant. Antōnius et Laurentius cibum cōnsūmēbant. Līvia ad bovēs ambulat et bovēs dūcere potest. Duae puellae et illī duo bovēs mox fūne longō arborem ē viā trahunt. Omnēs gaudent. Līvia et Octāvia duae puellae fortēs sunt!

Mox amīcī et duo animālia Rōmam eunt. Longum nōn est iter; urbs est nōn longē. Magnās portās urbis cōnspiciunt omnēs et "PAPAE! EST RŌMA!" magnā vōce clāmant.

SUBITŌ virī fortēs appārent prope portam! Suntne mīlitēs? Illī puerum miserum rogant, "Salvē, nōnne dormiēbās prope portās?"

Puer miser respondet, "Ita. Quī estis?"

"Mīlitēs Rōmānī sumus. Nōlumus pugnāre tēcum. Omnēs, cūr Rōmam venītis?"

---

[97] "Lead"

Octāvius, "Petō tabernam quod necesse est mihi invenīre ea ad crustula paranda. Mūnus mihi est crustula ferre."

"Cum Rōmā abīs, sī prōmittis mihi trādere crustula, potes īre in urbem. Sī nōn hoc **fēceris**[98], nōn erit mūnus tibi," mīles Octāviō dīcit.

Octāvius cum mīlite stat. Tum omnēs Rōmam intrant! Rōma omnibus placet. Mox fēmina insolita appāret. Līvia fēminam cōnspicit. Insolitē agit.

Līvia, "Ecce fēmina!" inquit. "Ego sciō eam…"

---

[98] "you do," "you will have done"

Capitulum XVI
Rōmae Tandem

Octāvius Līviam rogat, "Quis est fēmina?"

Līvia magnā vōce respondet, "EST MĀTER MEA!"

Octāvius, "Māter? Nōnne mortua est?" inquit.

Līvia, laeta et territa, ad mātrem suam currit. "Salvē, māter! Quid agis? **Appāruit mihi et patrī tē esse**[99] mortuam! Cūr tū ā nōbīs abiistī? Gaudeō quod tē invēnī!"

Līviae māter, "Līvia, mea fīlia **amāta**[100]," inquit, "laetissima sum tē vidēre et tē **excipiō**[101]. Ut vidēs, nōn mortua sum. Cum ā vīllā **abiissem**[102], voluī tibi et patrī scrībere. Ego abiī ā vōbīs quod parentēs meī male agēbant, et voluī auxilium ad eōs ferre. Nunc

---

[99] "It appeared to me and my father that you were…"
[100] "beloved"
[101] "I welcome"
[102] "I had gone away"

optimē agunt et cum illīs habitō. Meā culpā nōn ad vīllam vēnī. Fēmina occupāta sum! Mūnus est mihi Rōmae: **pistrīnam**[103] teneō. Omnēs Rōmānī pistrīnam meam amant. Multōs cibōs optimōs parō! Līvia, mea fīlia, gaudeō quod tū bene agis. Sed cūr Rōmam venīs cum amīcīs? Ecce, estne ille Antōnius? Salvē, tīgris!"

Cui Līvia, "**In**[104] mē et amīcīs meīs excipiō tē, māter. Hic puer est Octāvius, et illa puella est eius soror Octāvia; et hic est puer miser, quī est eōrum frāter. Ut bene scīs, hic est Antōnius noster, sed ille parvus ūnicornis est amīcus bonus Laurentius. Labōrō in tabernā Rōmulae, amīcae Laurentiī, ubi gemmās optimās faciō. Puella occupāta sum! Octāvius in pistrīnā labōrat; crustula ferre solet. Difficultās tamen erat: illa pistrīna ea ad crustula paranda nōn habēbat. Ita necesse erat nōbīs iter Rōmam facere. Longum et insolitum

_____

[103] "bakery"
[104] "among"

56

iter **fuit**[105]! Nunc sumus hīc, et tū pistrīnam habēs! Vīsne auxilium nōbīs ferre? Vīsne venīre nōbīscum?"

Līviae māter, "Papae, mea fīlia! Tū et amīcī iter longum fēcistis. Auxilium vōbīs feram! Scīsne nōmen illī tabernae quam petis, Octāvī?"

Octāvius respondet, "Nōmen pistrīnae, ut mihi appāret, est 'Crustula Sumus Nōs.' Scīsne hanc tabernam?"

"PAPAE!" Līviae māter clāmat. "EST PISTRĪNA MEA! Multa ad crustula paranda habeō, et laetissimē vōbīs trādō. Vōs ad tabernam in forō dūcam."

Octāvius laetus est. Līvia, "Grātiās tibi agō, māter!" inquit.

"Grātiās tibi quoque agō, mea fīlia. Volō ad vīllam mox venīre. Dīc patrī mē eum

---

[105] "it has been," Perfect Tense of *est*

amāre. Nunc ad pistrīnam **eāmus**[106]!" māter fīliae respondet.

Cui Octāvius, "Necesse est mihi quoque crustula mīlitibus prope portam trādere. Scīsne illōs mīlitēs?"

Līviae māter, "Ita! Illī mīlitēs amīcī meī sunt. Crustula mea eīs placent!"

Ita Līviae māter omnēs ad forum dūcit.

SUBITŌ omnēs in forō magnam pistrīnam cōnspiciunt; est Līviae mātris taberna! **Scrībitur**[107] in pistrīnā: "CRUSTULA SUMUS NŌS: INTRĀTE OMNĒS QUĪ CRUSTULA OPTIMA RŌMAE CŌNSŪMERE VULTIS." Tum Līviae māter omnēs in tabernā excipit. In pistrīnā multī labōrant. Illa Octāvium et fīliam in parvum cubiculum dūcit et, "Hīc sunt ea ad crustula paranda," inquit.

---

[106] "let's go"
[107] "it is written"

Sed… SUBITŌ Laurentius et Antōnius in cubiculum currit! "OCTĀVĪ! PUER MISER EFFŪGIT!" Antōnius clāmat.

Cui Octāvius, "Abīte, animālia, et petite frātrem meum! Habēmus ea ad crustula paranda. **Crustulīs optimīs parātīs**[108], ad mīlitēs prope portam īmus."

Antōnius et Laurentius abiērunt; ad portam urbis ambulāvērunt, quod puer miser, ut omnēs sciunt, prope portās dormīre solēbat. Octāvius, Līvia, et Octāvia crustula volēbant; māter in culīnā pistrīnae crustula parābat. Mox māter cum crustulīs in cubiculō appāruit. Omnia ad crustula paranda Octāviō trādidit Līviae māter; ita omnēs gaudēbant.

"Multās grātiās tibi agō, māter amāta," inquit Līvia. "Iter nostrum **ēgimus**[109]."

Māter eī respondet, "Iterum multās grātiās vōbīs omnibus agō, mea fīlia et amīcī; mihi placet auxilium ferre ad familiam. Mox

---

[108] "After excellent cookies have been prepared"
[109] here, "we have accomplished"

tū et pater mē vidēbitis vōbīscum. Agite bene, omnēs."

Līvia et amīcī ā pistrīnā abiērunt et ad magnās portās urbis iērunt. Mīlitēs prope portās stābant cum Antōniō, Laurentiō, et puerō miserō! Puer miser nōn dormiēbat, sed cum mīlitibus dīcēbat. Octāvius, ut prōmīsit, crustula Līviae mātris mīlitibus trādidit et Rōmā cum amīcīs et animālibus abiit.

SUBITŌ puer miser excitātur. Per omnem diem dormiēbat. Octāviam sorōrem et Līviam longē videt. Duae puellae ad eum currunt. "Est mala difficultās," Octāvia inquit. "Octāvius est in perīculō. Magnum incendium Rōmae est. Necesse est nōbīs frātrem petere et ex urbe dūcere. Venī nōbīscum, mī frāter."

"Sed… ubi sunt Antōnius et Laurentius?" puer miser respondet.

"Quī?" Līvia rogat.

"Nōnne habēs tīgrem Antōnium, Līvia? Et Laurentius est parvus ūnicornis."

"Nōn tīgrem habeō! Et quid est ūnicornis? Nesciō illud animal."

Appāruit tum puerō miserō omnia in somniō esse. "Papae, somnium fuit mihi! In somniō Octāvius et nōs omnēs iter Rōmam fēcimus, quod ille petēbat ea ad crustula paranda. Duo animālia **dīcentia**[110], Antōnius et Laurentius, nōbīscum vēnērunt. Fuit altera ūnicornis fēmina, Rōmula, quae tabernam tenēbat et tū, Līvia, in eius tabernā labōrābās! Tū gemmās fēcistī. Octāviī raeda quoque erat in fossā. Rōmula, vōs duae, et Octāviī māter fūne longō raedam ē fossā trāxistis! Tandem Rōmam vēnimus. Līviae māter auxilium ad nōs **tulit**[111] quod magnam pistrīnam tenuit et SUBITŌ... ego **excitātus sum**[112]."

---

[110] "talking"
[111] "brought," Perfect Tense of *fert*
[112] "I was awakened"

"Puer miser, tibi somnia insolita sunt!"
Līvia respondet, "Animālia nōn dīcere
possunt! Et familia mea in vīllā rūsticā, nōn
Rōmae, habitat."

Ita duae puellae et puer miser Rōmam
intrāvērunt et petere Octāvium temptāvērunt.
Magnum incendium per viās urbis **cucurrit**[113].
Sed Octāvium invenīre nōn poterant. Tandem,
diē quōdam, Līvia amīcum invēnit. Octāvius
dēfessus sub arbore dormiēbat. Līvia
gaudēbat quod amīcus nōn mortuus erat.
Līvia in vīllā parentium gemmārum tabernam
tenēbat. Octāvia in vīllā cum familiā miserā
habitābat. Puer miser tamen adhūc prope
portās urbis sedēbat. Ita itinera Līviae et
amīcōrum **ācta sunt**[114].

---

[113] "ran"
[114] "have been accomplished"

A GLOSSARY FOR
ITINERA LĪVIAE ET AMĪCŌRUM

LATIN	ENGLISH	COUNT
ā, ab (+ abl.)	from, away from	10
abeō, abīre, abiī, abitūrus	to go away	16
ad (+ acc.)	to, toward, at	141
adhūc	still	10
ager, agrī (m.)	field	32
agō, agere, ēgī, āctum	to do, to drive, to act	47
alius, alia, aliud	other, another	14
alter, altera, alterum	other, another (of two)	11
ambulō, ambulāre, ambulāvī, ambulātum	to walk	12
amīcus, amīca, amīcum	friend; friendly	80
amō, amāre, amāvī	to like, to love	22
animal, animālis (n.)	animal	37
Antōnius, Antōniī (m.)	Antonius (the tiger)	91
appāreō, appārēre, apparuī	to appear	7
aqua, aquae (f.)	water	12
arbor, arboris (f.)	tree	34
audiō, audīre, audīvī, audītum	to hear, to listen to	20
auxilium, auxiliī (n.)	help	48
bene	well	3
bonus, bona, bonum	good	13
bōs, bovis (m./f.)	ox, bull, cow	6
brevis, breve	short	5
celer, celeris, celere • celeriter	quick, fast • quickly	7
cibus, cibī (m.)	food	31
cista, cistae (f.)	box, trunk	7

63

clāmō, clāmāre, clāmāvī, clāmātum	to shout	30
cōnspiciō, cōnspicere, cōnspexī, cōnspectum	to catch sight of, to notice	16
cōnsūmō, cōnsūmere, cōnsūmpsī, cōnsūmptum	to eat	22
crustulum, crustulī (n.)	cookie	79
cubiculum, cubiculī (n.)	room, bedroom	9
culīna, culīnae (f.)	kitchen	4
culpa, culpae (f.)	blame, fault	3
cum	• with (preposition) • when (conjunction)	47
cūr	why	18
currō, currere, cucurrī, cursum	to run	20
dē (+ abl.)	about	9
dēfessus, dēfessa, dēfessum	tired	10
dīcō, dīcere, dīxī, dictum	to say, to speak	33
diēs, diēī (m., sometimes f.)	day	8
difficultās, difficultātis (f.)	problem, difficulty	18
dormiō, dormīre, dormīvī, dormītum	to sleep	37
dūcō, dūcere, dūxī, ductum	to lead, to take	16
duo, duae, duo	two	12
ē, ex (+ abl.)	from, out of	18
Ecce!	Look!	10
effugiō, effugere, effūgī	to run away	9
ego, mē, mihi	I, me	68
eō, īre, īvī	to go	66
equus, equī (m.)	horse	4

64

et	and	304
excipiō, excipere, excēpī, exceptum	to welcome, to receive	3
excitō, excitāre, excitāvī, excitātum	to wake up	7
faciō, facere, fēcī, factum	to do, to make	50
familia, familiae (f.)	family	12
fēmina, fēminae (f.)	woman, female	12
ferō, ferre, tulī, lātum	to bring, to carry	59
fīlia, fīliae (f.)	daughter	7
fortasse	maybe	5
fortis, forte	strong	10
forum, forī (n.)	forum; marketplace	3
fossa, fossae (f.)	ditch	33
fragor, fragōris (m.)	noise, crash	13
frāter, frātris (m.)	brother	22
fūnis, fūnis (m.)	rope, cord	13
gaudeō, gaudēre, gāvīsus sum	to be happy, to rejoice	13
gemma, gemmae (f.)	gem, jewel; jewelry	17
grātia, grātiae (f.) • grātiās agere (+ dat.)	kindness, favor, thanks • to thank	7
habeō, habēre, habuī, habitum	to have, to hold	54
habitō, habitāre, habitāvī, habitātum	to live	15
hīc	here, in this place	14
hic, haec, hoc	this	40
hortus, hortī (m.)	garden	14
iam	now, already	18
ille, illa, illud	that	16

impediō, impedīre, impedīvī, impedītum	to obstruct, to block, to hinder	4
in (+ acc. or abl.)	in, on (+ Ablative) into, onto (+ Accusative)	189
incendium, incendiī (n.)	fire	11
inquit	(he/she/it) says	35
insolitus, insolita, insolitum	strange, weird	13
intrō, intrāre, intrāvī	to enter	10
inveniō, invenīre, invēnī, inventum	to find, to find out	17
īrātus, īrāta, īrātum	angry, mad	6
is, ea, id	he, she, it	72
ita	yes; thus; so	15
iter, itineris (n.)	journey	24
iterum	again	8
iubeō, iubēre, iussī, iussum	to order	4
labōrō, labōrāre, labōrāvī, labōrātum	to work	41
laetus, -a, -um	happy	36
Laurentius, Laurentiī (m.)	Laurentius (the unicorn)	94
Līvia, Līviae (f.)	Livia	246
longus, longa, longum • **longē**	long • far away, in the distance	12
magnus, magna, magnum	big, large, great	51
malus, mala, malum • **male**	bad • badly	15
māter, mātris (f.)	mother	48
mēnsa, mēnsae (f.)	table	3

meus, mea, meum	my, mine	40
mīles, mīlitis (m.)	soldier	11
miser, misera, miserum	unhappy, poor, miserable	64
mortuus, mortua, mortuum	dead	4
moveō, movēre, mōvī, mōtum	to move	7
mox	soon	19
multus, multa, multum	many; a lot; much	33
mūnus, mūneris (n.)	job, duty	17
mūs, mūris (m.)	mouse	13
necesse (est)	(it is) necessary	17
nēmō, nēminis (m. or f.)	no one, nobody	5
nesciō, nescīre, nescīvī, nescītum	to not know	11
nōlō, nōlle, nōluī • Nōlī/Nōlīte…!	to not want • Don't…!	12
nōmen, nōminis (n.)	name	9
nōn • nōnne?	not • isn't that right/so?	114
nōs, nōbīs	we, us	26
noster, nostra, nostrum	our, ours	11
nunc	now	34
occupātus, occupāta, occupātum	busy	10
Octāvia, Octāviae (f.)	Octavia (Octavius' sister)	24
Octāvius, Octāviī (m.)	Octavius	210
olfaciō, olfacere, olfēcī, olfactum	to smell	5
ōlla, ōllae (f.)	pot	14
omnis, omne	every, all	67

optimus, optima, optimum	excellent, the best, very good	14
Papae!	Wow!	10
parēns, parentis (m. or f.)	parent	7
parō, parāre, parāvī, parātum	to prepare	35
parvus, parva, parvum	little, small	13
pater, patris (m.)	father	41
per (+ acc.)	through	10
perīculum, perīculī (n.)	danger, trouble	6
petō, petere, petīvī, petītum	to look for, to seek	29
pistrīna, pistrīnae (f.)	bakery	14
placet, placēre, placuī, placitūrus	it is pleasing to ___ (+ dat.)	19
pōnō, pōnere, posuī, positum	to put, to place	7
porta, portae (f.)	gate	14
portō, portāre, portāvī, portātum	to carry	12
possum, posse, potuī	to be able, can	59
prōmittō, prōmittere, prōmīsī, prōmissum	to promise	5
prope (+ acc.)	near	37
puella, puellae (f.)	girl	57
puer, puerī (m.)	boy	85
pugnō, pugnāre, pugnāvī, pugnātum	to fight	8
quamquam	although	6
quī, quae, quod	who, which; that	37
quīdam, quaedam, quoddam	a certain, a specific	5

quis, quid	Who?; What?	26
quod	because	66
quoque	also, too	35
raeda, raedae (f.)	carriage	53
raedārius, raedāriī (m.)	carriage driver, coachman	10
respondeō, respondēre, respondī, respōnsum	to answer, to reply	28
rogō, rogāre, rogāvī, rogātum	to ask	9
Rōma, Rōmae (f.)	Rome	48
Rōmānus, Rōmāna, Rōmānum	Roman	10
Rōmula, Rōmulae (f.)	Romula (Laurentius' friend)	80
rūsticus, rūstica, rūsticum	country; rustic	8
Salvē/Salvēte	Hello!	13
sciō, scīre, scīvī, scītum	to know	17
scrībō, scrībere, scrīpsī, scrīptum	to write	5
sed	but	73
sedeō, sedēre, sēdī, sessum	to sit	13
servus, servī (m.)	slave	21
sī	if	8
silva, silvae (f.)	forest; woods	22
sine (+ abl.)	without	2
soleō, solēre, solitus sum	to usually ___, to be in the habit of ____	10
sōlus, sōla, sōlum	alone	4
somnium, somniī (n.)	dream	4
soror, sorōris (f.)	sister	11
stō, stāre, stetī, stātum	to stand	14

69

strēnuus, strēnua, strēnuum	active, energetic	8
sub (+ abl.)	under	18
subitō	suddenly	46
sum, esse, fuī, futūrus	to be	330
suus, sua, suum	his, her, its, their (own)	6
taberna, tabernae (f.)	shop, store	79
tamen	however	21
tandem	finally	13
temptō, temptāre, temptāvī, temptātum	to try, to attempt	5
tempus, temporis (n.)	time	16
teneō, tenēre, tenuī, tentum	to hold, to keep	10
terreō, terrēre, terruī, territum	to scare, to frighten	12
tīgris, tīgris (m.)	tiger	78
timeō, timēre, timuī	to be afraid of, to fear	6
trādō, trādere, trādidī, trāditum	to hand over	15
trahō, trahere, trāxī, trāctum	to drag, to pull	11
triclīnium, triclīniī (n.)	dining room	3
trīstis, trīste	sad	9
tū, tibi, tē	you (singular)	86
tum	then; at that moment	17
ubi	where	11
ūnicornis, ūnicornis (m. or f.)	unicorn	38
urbs, urbis (f.)	city	47
ut	as	5
veniō, venīre, vēnī, ventum	to come	32
via, viae (f.)	road	28

videō, vidēre, vīdī, vīsum	to see	56
vīlla, vīllae (f.)	(country) house	42
vir, virī (m.)	man	14
volō, velle, voluī	to want; to wish	98
vōs, vōbīs	you (plural), you all	24
vōx, vōcis (f.)	voice	24

APPENDIX

Auxiliary Stories

Note: Some vocabulary in these stories, i.e. the *italicized* words, is not found in the glossary, but those words will be defined in context underneath each story. Use these for extra reading practice or discussion about certain characters.

Laurentius' Plan (after Chapter 9)

Octāvius mūnus tenet: puer crustula per urbem fert. SUBITŌ Laurentius ad Octāvium venit! Laurentius crustula ad Rōmulam amīcam *mittere* vult. Octāvius Laurentiō hoc dīcit: "Salvē, Laurentī, mī amīce! Cūr mē *vexās*? Necesse est mihi multa crustula ad multōs in urbe ferre."

Laurentius Octāviō respondet, "*Sēcrētum* habeō: volō *dare* crustula Rōmulae amīcae, quod *diem nātālem* mox *celebrat*! Ego quoque *nūntium* cum crustulīs scrībere volō."

Octāvius, "Optimē!" inquit. "Quid scrībere amīcae *tuae* vīs?"

Et Laurentius hoc scrībit:
"Ō mea Rōmula, crustula trādō, quod tibi placet;
    Es mea amīca diem et laetum ego nunc tibi *dō*."

72

SUBITŌ Octāvius tabernam Rōmulae intrat!
Octāvius crustula, quae Laurentius *mittit*, ad
Rōmulam fert. Rōmula Laurentiī *nūntium legit*.
Ūnicornis laetissima est!

mittere: to send

vexās: do you annoy

sēcrētum: secret

dare: to give

diem nātālem: birthday

celebrat: is celebrating

nūntium: message

tuae: your

dō: I give

mittit: sends

legit: reads

Note: Laurentius' message is a poem in elegiac couplets!

Quid Faciunt Rōmula et Laurentius? (after Chapter 11)

Dum Līvia iter Rōmam facit, Rōmula et
Laurentius in tabernā *manent*. Hīc labōrant ūnicornēs
cum puellīs. Rōmula gemmās facere temptat, sed nōn
eās facit *tam bene quam* Līvia; Laurentius gemmās in
ōllās et cistās pōnit. Puellae auxilium Rōmulae ferunt.

SUBITŌ puella tabernam intrat. Puella
gemmās cōnspicit et eās vult. Sed *nūllam pecūniam*
habet. Rōmula, quae est ūnicornis bona, puellam
rogat, "Cūr nōn *pecūniam* habēs? Vīsne mūnus? Ego
nōn possum gemmās bene facere. Sī tū potes gemmās
bene facere, labōrāre hīc potes."

Et puella, "Grātiās tibi agō!" inquit. "Mihi valdē placet gemmās facere."

Rōmula eī hoc dīcit: "Et mūnus est **tuum**. Quid est tibi nōmen?"

"Nōmen mihi nōn est," inquit puella **trīste**. "Puella misera sum. Frātrem meum petō. Frāter meus prope portam urbis dormīre solet, sed hāc nocte **abest**. Volō frātrem meum invenīre."

Rōmula et Laurentius eī respondent, "Auxilium tibi ferre volumus!"

Dum: While
manent: are staying
tam bene quam: as well as
nūllam pecūniam: no money
pecūniam: money
tuum: your
trīste: sadly
abest: is away

CPSIA information can be obtained
at www.ICGtesting.com
Printed in the USA
BVHW040215050919
557644BV00016B/352/P

9 781646 694587